Este libro está dedicado a mis hijos - Mikey, Kobe y Jojo.

Copyright © 2022 Grow Grit Press LLC. Todos los derechos reservados. Ninguna parte de este libro puede ser reproducida en ninguna forma sin el permiso por escrito de la editorial. Por favor, envíe solicitudes de pedido al por mayor a growgritpress@gmail.com Impreso y encuadernado en los Estados Unidos. NinjaLifeHacks.tv Paperback ISBN: 978-1-63731-420-3 Hardcover ISBN: 978-1-63731-421-0

La tarea de esta noche es pensar algo emocionante para su proyecto. Como saben, pueden tomar todo el año escolar para trabajar en su proyecto. Luego, en las últimas dos semanas antes de las vacaciones de verano, cada uno hará una presentación a la clase.

Empujé mi silla hacia atrás lentamente, y me recosté, esperando que todos los demás entraran corriendo por la puerta con prisa de llegar a casa.

Recordé el avión del Ninja Creativo volando por todo el salón, mientras la maestra sonreía y asentía con su cabeza.

La **inspiración** puede venir de cualquier lugar.
La **imaginación** viene de tener tiempo para explorar y pensar.
Las **ideas** llegan a todos, pero no todos las escriben, así que es importante tomar notas de tus ideas, aunque las uses o no.

Por un buen tiempo, no dije nada. Estaba pensando.
¡Entonces, una idea vino a mí!

Ya lo tengo

¡Genial! ¿Qué vas hacer?

¡Grandes felinos africanos!

Pero...

¡Todos estaban muy curiosos sobre mi proyecto!

Finalmente, había llegado el día. Preparé el salón con la ayuda de mi papá.

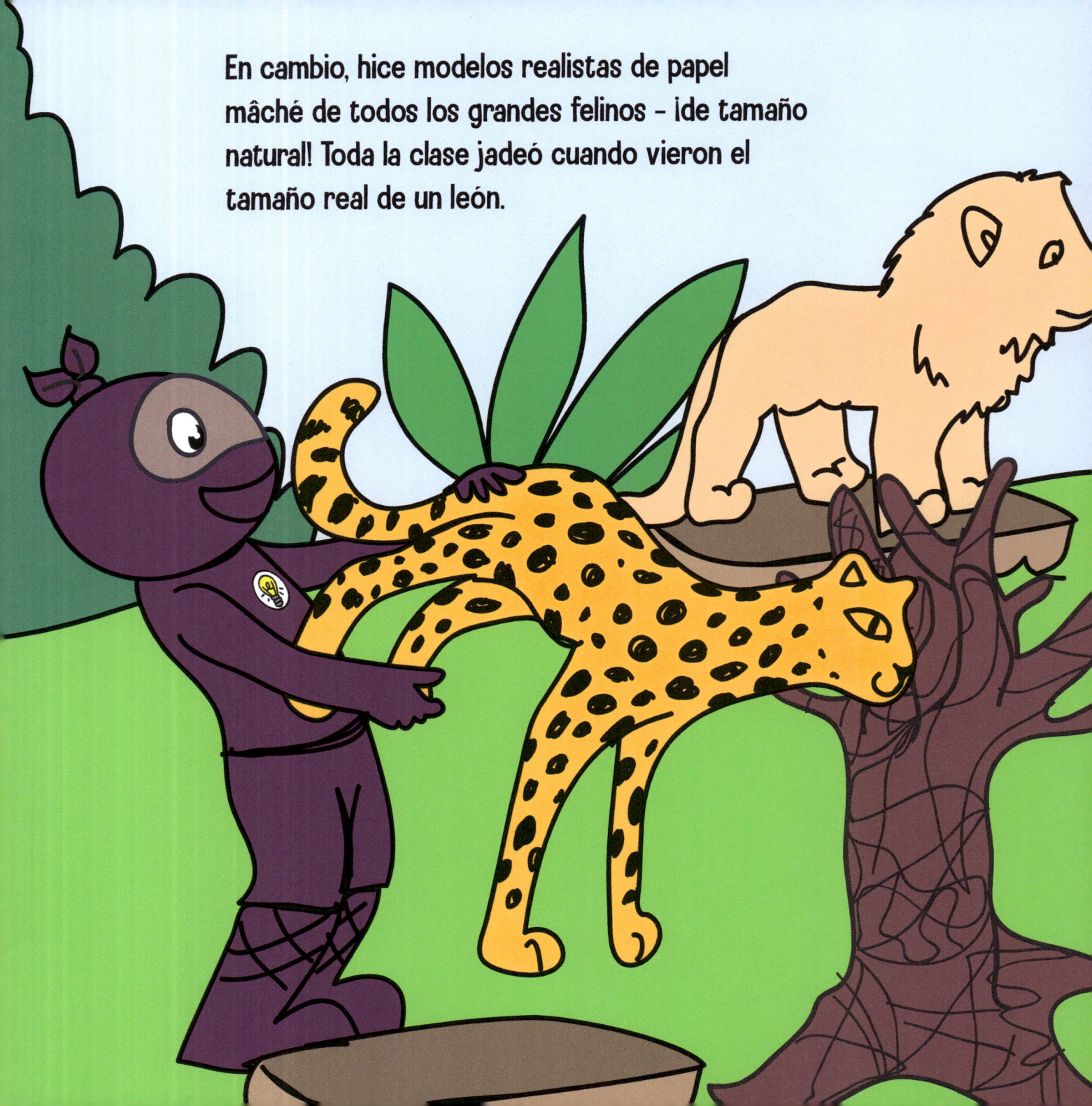

En cambio, hice modelos realistas de papel mâché de todos los grandes felinos – ¡de tamaño natural! Toda la clase jadeó cuando vieron el tamaño real de un león.

Pero eso no era todo lo que había hecho. Dentro de cada modelo, había colocado cuidadosamente sensores de movimiento y grabadoras de sonido para que tan pronto como alguien se acercara a los animales rugieran, cantaran o gruñieran.

¡Era como si los verdaderos animales salvajes estuvieran en el salón de clase!

A la clase le encantó la presentación, y todos dijeron que nunca olvidarían cómo distinguir entre un leopardo y un guepardo.

¡El recordar las 3 Is podría ser tu arma secreta en la construcción de tu superpotencia de innovación!

www.ingramcontent.com/pod-product-compliance
Lightning Source LLC
Chambersburg PA
CBHW040209100526
44583CB00002BA/65